# NOTICE

D'UNE

## COLLECTION D'OBJETS D'ARTS

ET DE CURIOSITÉ,

### PROVENANT DU CABINET DE M. G*****,

RUE DU PALAIS, N°. 28, A DOUAI ( nord ).

## LA VENTE AUX ENCHÈRES PUBLIQUES

Aura lieu les 24 , 25 , 26 , 27 octobre 1836 , et jours sui-
vans , s'il y a lieu , à deux heures après-midi , par le
ministère de M<sup>rs</sup>. MILOT et LECAMUS , commissaires-
priseurs , à Douai , assistés de M. THÉRET , expert de
la chambre des commissaires-priseurs de Paris.

Douai,

Imprimerie de Vincent ADAM , rue des Procureurs , n° 12.

# NOTICE

D'UNE

## COLLECTION D'OBJETS D'ARTS

ET DE CURIOSITÉ,

Provenant du Cabinet de M. C.....

---

§ 1er. BRONZES ANTIQUES, FLORENTINS ET MODERNES.

1 Une statue équestre de Louis XIV.

2 Un enlèvement d'Europe sur son pied en bois, avec bas-relief en cuivre.

3 Un cheval et son cavalier renversé sur son socle, en marbre, partie or.

4 Petite statue de la Fortune (bronze florentin) sur son pied — Douche en marbre, hauteur, 20 pouces.

5 Figure d'un guerrier, 11 pouces de hauteur.

6 Un cheval, hauteur, 10 pouces.

7 Le Gladiateur sur son pied en bois, hauteur, 9 p.

8 Un petit enfant assis, en cuivre rouge, trouvé à Bavais, hauteur, 7 pouces.

9 Une Vénus pudique, bronze, hauteur, 10 pouces.

10 Un guerrier gaulois, hauteur, 8 pouces.

11 Une figure denignesse, hauteur, 11 pouces.

12 Une Vénus couchée.

13 Une petite figure de femme tenant un serpent sur son pied, en bronze.

14 Une petite Apolino, bronze florentin, sur son pied.

15 Un satyre antique agenouillé.

16 Un joueur de cornemuse.

17 Une divinité de l'Inde à plusieurs mains.

18 Un paterre antique à manche droit.

19 Une amphytrite en fer.

20 Une coupe antique d'une belle forme.

21 Une lampe à tête de nègre, montée sur une griffe d'aigle.

22 Une grenouille et un limaçon.

23 Une tête de Bonaparte, premier consul, avec son cadre en bronze, fondu à Lille.

24 Deux moïses à demi-corps en cuivre repoussé, le frappement du rocher et les tables de la loi dans leurs cadres en bois doré.

25 Deux divinités gauloises trouvées dans la forêt de Mormalle.

26 Deux petites figures égyptiennes.

27 Une lampe antique.

28 Une figure représentant la justice sur son pied.

29 Un bas-relief, enlèvement de Déjanine.

30 Sous ce numéro, on vendra environ 40 pièces qui seront divisées, telles que petites figurines, dieux pénates, cuillers à sacrifices, fibules, agraffes, clefs en fer et en bronze, la plus grande partie antique.

§ 2. MÉDAILLES ANTIQUES, MODERNES, EN OR, ARGENT ET BRONZES; ANCIENS SCEAUX DU MOYEN-AGE, DE LA RE-NAISSANCE, DE LA RÉVOLUTION ET DE L'EMPIRE.

31 Une collection d'environ 1,500 médailles antiques, grecs et romaines, rares et bien conservées, en or, en argent, grands, moyens et petits bronzes; une quantité de monnaies anciennes et modernes.

32 Un médailler en bois de placage contenant 202 médailles du règne de Louis XIV.

33 Sept décorations et médailles d'huissier.

34 Une collection de 119 médailles en plomb bronzé du règne de l'empire.

35 Les douze César et quatre têtes de Pape, médaillon en étain.

36 Sous ce numéro il sera adjugé environ 55 sceaux et cachets du moyen-âge, de la renaissance, de la révolution et de l'empire. Ce lot sera divisé.

———————

§ 3. ARMURES, COTTES-DE-MAILLES, CASQUES, CARABINES ET PISTOLETS A ROUETS, HALEBARDES, ÉPÉES ET ESTOCADES.

37 Une belle et riche armure gravée et dorée, d'un travail très-fin, enrichie de trophées et d'orne-mens. Les parties du corps et du bras gauche sont à double cuirasse. Cette armure a dû appartenir à un ancien comte de Flandre.

38 Une armure idem gravée, portant un aigle impérial sur la cuirasse.

39 Une armure idem, très-belle, canelée et bien
    complète.

40 Une armure idem noire.

41 Une armure idem unie.

42 Une armure idem canelée, casque à visière dorée.

43 Une armure noire complète.

44 Une armure idem petite, de femme.

45 Une armure tartare, très-curieuse par sa forme
    et les ornemens, partie en lacque de Chine.

46 Une armure idem, idem.

47 Une cuirasse de l'ancienne gendarmerie de France.

48 Un bouclier en cuir avec ornemens dorés.

49 Une cotte-de-mailles ouvrante, anneaux soudés.

50 Une cotte-de-mailles à anneaux rivés.

51 Un corset de femme, cotte-de-maille, anneaux rivés.

52 Un gambauron en buffle.

53 Un casque ancien à écailles de poisson, surmonté
    d'une couronne dorée.

54 Un casque en fer d'une forme romaine.

55 Un casque forme morion en fer repoussé, avec une
    grande fleur de lys et ornemens.

56 Un casque forme morion en fer gravé, avec deux
    guerriers et ornemens sur chaque face.

57 Un casque idem à cotes avec plis.

58 Un gantelet en fer gravé, d'un beau travail.

59 Un gantelet en cotte-de-mailles en cuivre argenté.

60 Une très-forte arbalète et son renckin, incrusta-
    tion d'ivoire.

61 Une petite arbalète.

62 Raquette et crochet d'armes.

63 Une masse d'armes à deux mains, armée de pointes.
    Les suisses s'en servaient dans la guerre de 7 ans.

64 Un marteau à une main.

65 Un marteau d'armes à deux mains.

66 Environ 25 pièces, lances, halebardes, pertuisannes, crocs, couteaux de brêche, fauchards et pieux, parmi lesquelles pièces il s'en trouve de très-belles qui seront vendues séparément.

67 Une lance de dague et autres objets trouvés dans la plaine de Lens.

68 Une estocade à deux mains, incrustation d'argent sur la poignée, et une inscription allemande sur chaque côté de la lame.

69 Une estocade à deux mains, poignée en cuir, lame flamboyante.

70 Une estocade à deux mains.

71 Une carabine allemande à rouet, avec incrustations en cuivre et nacre de perle, batterie en fer gravé.

72 Une carabine allemande se chargeant par la culasse.

73 Une carabine idem, à double détente, curieuse par sa forme.

74 Une carabine en écaille, batterie unie.

75 Jolie petite paire de pistolet en cuivre gravée et ciselée, la platine est en acier d'un travail très fin. Sur les canons sont gravés les armes avec l'inscription de Louis XIII, roi de France.—La date est de 1611.

76 Un beau pistolet à rouet du tems de François 1er, avec incrustations en ivoire, représentant des chasses.

77 Un pistolet idem.

78 Un pistolet idem.

79 Un Braquemart ou épée.

80 Une épée écossaise, la lame d'andré férari.

81 Une épée genre espagnol, poignée d'une belle forme gravée et dorée.

82 Une épée poignée ancienne et à jour dorée.

83 Une épée lame très ancienne.

84 Une clef-mort écossaise, où garde d'épée.

85 Une poignée de sabre persan plaquée en argent sur fer.

86 Une épée à poignée en argent.

87 Plusieurs autres épées modernes.

88 Deux yatagans et quatre couteaux de chasse.

89 Deux glaives des enfant du champ de Mars.

90 Une hache gauloise trouvée dans les bois de St.-Amand.

91 Trois fragmens d'éperons très anciens, trouvés dans l'ancien château de Lens.

92 Une paire d'éperons en fer.

93 Un poignard turc, lame de Damas, ornemens dorés, manche en hippopotame, fourreau en argent.

94 Un poignard, manche d'agathe.

95 Un poignard, manche d'ivoire.

96 Un poignard, poignée d'acier.

97 Un poignard Malais.

98 Un grand et fort fusil de rempart aux armes de la ville de Hambourg, monté sur son affut, canon en cuivre, l'embouchure à trois pouces, de diamètre, la longueur totale 7 pieds.

99 Deux petites pièces de canon en cuivre sur leurs affuts.

100 Une éprouvette pour la poudre, en fer, de forte dimension.

## § 4. Emaux de Limoges et de Chine.

101 Un grand émail bien conservé dans son cadre ancien, Midé résuscitant son père.

102 Un cabaret émail de limoges, composé de 6 tasses et leur soucoupes et d'un sucrier.

Ce lot pourra être divisé au choix des amateurs.

103 Deux émaux de limoges, Ste.-Anne et Saints, dans leur cadre d'ébène.

104 Une grande équerre et son plateau a jour avec fleurs peintes, émail de Chine.

105 Une grande équerre, idem, idem.

106 Une idem, et son plateau.

107 Belles coquilles à côtes avec fleurs, émail de Chine.

108 Un beau fragment de crosse d'évêque grec, émaillé.

109 Quatre portraits peints sur émail.

110 Quatre portraits peints sur émail.

## § 5. Grés de Flandre, verres gravés allemands et de Venise.

111 Une canette en grés de Flandre, bas relief et incrustation.

112 Deux cruchons en gré de Flandre, dont un émaillé avec armoiries.

113 Un cruchon idem, fond brun.

114 Un grand verre à pied gravé.

115 Un idem pieds à jour, la coupe est d'un beau travail gravé, combats de cavalerie.

116 Un grand verre idem à cottes, d'une belle forme

117 Un grand verre avec tête gravé et ornemens.

118 Un grand verre pieds à vis, gravé, avec couvercle.

119 Un grand verre à pieds, gravé, avec couvercle.

120 Un grand verre idem, mêlé de couleurs rouges.

121 Un idem, forme de calice, pied à jour.

122 Deux idem moyens.

123 Un idem de Venise, à filet blanc.

124 Un verre émaillé, armoiries et inscriptions.

125 Deux verres, dont un forme d'oiseau à filets bleus.

126 Deux bouteilles, dont une émaillée et l'autre à double goulot, à filet blanc.

127 Un petit temple en verroterie émaillée.

128 Un vitrail Suisse, le serment de Guillaume Tell.

---

§ 6. IVOIRES GOTHIQUES, FLAMANDS ET DE DIÈPE.

129 Un vidercum non monté avec son couvercle, représentant une marche de Silène, soutenue par des bachantes d'un travail précieux.

130 Un vidercum représentant sept figures de femme, partie des neuf muses.

131 Vidercum avec bas relief, représentant un combat.

132 Un vidercum, des pêcheurs dans leur barques, une ville dans le lointain.

133 Deux beaux bas reliefs composés de trois figures, chaque sujet des travaux d'hercule.

134 Un groupe de deux figures, Julie, femme d'Auguste perçant la langue de Cicéron.

135 Un coffre du moyen-âge, tournois de chevaliers et différents jeux, sculptés en relief, objets très curieux.

136 Une descente de croix, jolie bas relief, enrichi de 16 figures.

137 Un diptique gothique.

138 Un Christ en ivoire.

139 Une Vierge agenouillée.

140 Adam et Eve chassés du Paradis.

141 La Vierge et l'enfant Jésus.

142 Un petit chérubin.

143 St.-Pierre et St.-Paul, faisant Pendant.

144 Un St.-Jean.

145 Un petit coffre, carré long, de Chine, en ivoire.

146 Une paire de vases de Chine, avec des reliefs de fruits et de fleurs.

147 Un petit bas relief, deux enfans et une chèvre.

148 Une figure grotesque.

149 Un bœuf au repos.

150 Trois bas reliefs représentant les cinq cents, d'après Teniers.

151 Deux vases en verre bleu, ornés de guirlandes de fleurs en ivoire sculpté.

152 Un dessus de couvercle surmonté d'une petite figure garnie en argent doré.

153 Deux bustes, homme et femme.

154 Une Vénus Pudique.

155 Un atlas.

156 Un Saturne.

157 Un Dieu Mars.

158 Une scène flamande.

159 Un enfant dans le style de français-flamand.

160 Deux bustes, homme et femme, sujet flamand.

161 Deux manches de couteaux.—Groupe d'enfants.

162 Deux amours en relief.

163 Un couteau et une fourchette avec figures sculptés.

164 Trois rapes en ivoire avec bas-reliefs.

165 Une paire de pistolets, monture en bois et ivoire sculpté.

166 Les douze César avec cercle en argent.

167 Deux médaillons, marine, ivoire de Dièpe.

168 Deux médaillons, id. id.

169 Deux amours faisant pendant.

170 Un brassard de la renaissance qui servait à se garantir de la corde de l'arc.

171 Un petit plateau à jour, travail chinois, instrument nommé olifan.

172 Instrument nommé olifan.

---

### § 7. Pierres gravées en matières dures, antiques et modernes.

173 Une tête de Minerve, beau camée bien gravée, montée en or.

174 Grand camée, tête de femme laurée.

175 Tête de femme grecque, d'après un médaillon antique.

176 Grand camée de mercure, agathe.

177 Intail des rameurs dans une barque, les accidens de la pierre servent de voiture. — Sardoine.

178 Une tête de Marie-Louise.

179 Jolie pierre, sujet d'étude, à deux couches.

180 St-Jean prêchant dans le désert au milieu d'une auréole, pierre orientale du 15º siècle.

181 Tête de satyre, jaspe rouge.

182 Jeune guerrier tenant un bouclier, agathe à deux couches.

183 Tête de Brutus jeune, agathe.

184 Tête d'Amon.

185 Satyre surprenant une nymphe, coquille.

186 Tête d'Anchise, matière orientale.

187 Tête de Minerve, cornaline à deux couches.

188 Une tête de Méduse, cornaline.

189 Un calvaire onix, à deux couches, très-fin d'exécution, du 15° siècle.

190 Une tête de Vestale à deux couches.

191 Un Lyon, agathe, id.

192 Une tête de guerrier couverte d'une draperie, belle matière.

193 La Vierge aux sept douleurs, agathe onix.

194 Tête de Socrate, agathe onix.

195 Tête de Vespasien, agathe blanche.

196 Tête d'Agamemnon, beau lapis lazulis.

197 Un intail, pierre gothique.

198 Intail la victoire, tenant une renommée, présentant l'olivier de la paix, cristal de roche.

199 Têtes acollées d'Hercule et d'Omphale, calcédoine.

200 Un scarabé, agathe.

201 Deux petites figures en corail.

202 Deux coquilles anciennes. Percée et Andromède.

203 Seize Silexes, têtes d'empereurs et de femmes, gravés en relief, qui seront vendus en deux lots.

204 Une parure non montée, composée d'un collier, deux bracelets, une broche et boucles d'oreilles, quatorze camées, têtes variées en relief.

205 Un collier monté en or d'Italie.

206 Un diadème d'une grande et belle coquille gravé, sujet d'un combat romain, surmonté des têtes d'Apollon et déesses de la Fable, monté en argent doré.

207 Trois cartons dorés formant croix de Malte, contenant 66 cornalines gravées en creux, la plupart des portraits des grands maîtres et commandeurs de l'ordre de Malte.

208 Un carton, contenant 59 camées à une et plusieurs couches, têtes et sujets variés.

209 Un carton contenant 35 camées variés.

210 Un carton d'armoiries et chiffres gravés, pour cachets.

211 Un carton contenant des pattes de miniature, fleurs sous verre, et un dégault.

212 Un carton contenant 28 pierres dures et pattes.

213 Un carton et 25 pierres gravées en creux et en reliefs onix, à deux couches, cornalines avec différentes têtes et sujets.

214 Un carton contenant 27 pierres intactes, la plupart antiques.

NOTA. Toutes les pierres contenues dans les cartons seront vendues par lot.

---

## § 8. NACRES DE PERLE, NANTILLES GRAVÉES DE DIFFÉRENTS SUJETS EN CREUX ET EN RELIEFS.

215 Un morceau de nacre de perle gravé, représentant une ville de Hollande, signé Barckuysen.

216 Deux idem, un oval et un rond, un vieillard au milieu de son trésor.

217 Trois idem, dont un le retour de l'enfant prodigue.

218 Cinq idem, dont le jugement de Salomon.

219 Six idem, nacre de perle gothique, dont deux têtes et l'adoration des mages.

220 Deux idem, dont le jugement de Salomon.

221 Trois idem, sujets variés.

222 Deux idem, idem.

223 Cinq idem, idem.

224 Six pièces, cheval, taureaux, etc.

225 Un plat de l'Inde en nacre, avec pierre incrustée.

220 Une nantille gravée en noir, d'un beau travail.

227 Une navette, un souvenir en nacre, une plaque en piqué sur ivoire.

---

§ 9. STATUES, MÉDAILLONS, VASES EN MARBRE ET EN ALBATRE, MOSAÏQUES DE FLORENCE. BOÎTES, PLAQUES D'AGATHE, JASPES, CORNALINES ET MATIÈRES PRÉCIEUSES.

228 Une petite statue en marbre blanc, représentant Jeanne, comtesse de Flandre, fille de Bauduin de Jérusalem, qui fonda l'hôpital Comtesse à à Lille.

229 Deux médaillons en marbre, Héraclite et Démocrite, enfants.

250 Un bas-relief en marbre noir ou pierre de touche, représentant deux cheveaux.

231 Un médaillon en marbre, tête de Minerve.

232 Un vase en marbre blanc, les anses sont prises dans la masse.

253 Deux études en plâtre, Brutus et Caton, par Renaud.

254 Deux vases en albâtre.

255 Deux vases de forme différente.

256 Un vase idem.

257 Deux trépieds, un groupe en albâtre.

258 Une garniture de trois pièces, un vase et deux pyramides en spath-fluor.

259 Une mosaïque cintrée, paysage et deux pierres de Florence.

240 Un ours, mosaïque de Florence.

241 Une boîte en émail, tête de carlin, une en jaspe montée en cuivre, et une loupe en ambre.

242 Trois boîtes non montées, avanturino, jaspe, sanguin et bois pétrifié.

243 Trois boîtes non montées, cailloux d'Égypte, agathe et lave.

244 Un dessus de boîte en mosaïque, un médaillon en jaspe sanguin, avec peinture montée en vermeil.

245 Trois morceaux de bois pétrifié, de différentes espèces.

246 Quatre pièces, coupes d'agathe et lave.

247 Un goblet à pied en cristal de Roche, monté en vermeil, émail et pierres fines.

248 Une grande quantité de morceaux, plaques d'agathe, jaspes, cornalines, lapis-lasulis et cailloux d'Égypte.

§ 10. OBJETS DIVERS, CABINETS, COFFRES EN MARQUE-
TERIES, PORCELAINES, BOIS SCULPTÉ DU MOYEN-AGE,
DE LA RENAISSANCE, ET BEAUCOUP D'OBJETS VARIÉS.

249 Un beau cabinet à tiroirs en écailles, monté sur son pied, enrichi d'argent et de 15 tableaux, par Franck.

250 Un grand écritoire en marqueterie de cuivre et écaille.

251 Un coffre en marqueterie, incrustation en nacre de perle, avec fleurs coloriés.

252 Un sceau en bois, dessus en écail.

253 Une crosse gothique d'évêque, en bois sculpté, représentant l'Abbaye d'Anchin.

254 Un tableau mécanique dans son cadre en bois sculpté, avec les fleurs de lys et le chiffre de Louis XIV.

255 Une fuite en Egypte en bois sculpté.

256 Un vase, travail de l'Inde, avec incrustation en argent.

257 Un hausse-col en cuivre, repoussé et doré, d'un beau travail, représentant un combat de chevaliers Romains.

258 Deux œufs d'Autruche, formant oiseaux, montés en bronze doré de la renaissance.

259 Un grand plat en bronze doré, avec un émail au milieu, formant écusson orné de gravures en creux.

260 Un bas-relief en fer, sujet de chasse ciselé et damasquiné en or.

261 Une figure de vierge et l'enfant Jésus en fer, du moyen-âge.

262 Une tête en fer repoussé.

263 Un petit rouet garni en cuivre doré de la renaissance.

264 Deux vases argentés, forme de buire.

265 Quatre repoussés, une tête d'empereur, un évangéliste, un portrait et un sujet de la circoncision.

266 Cinq pièces en cuivre repoussé, dont l'Europe et l'Asie.

267 Un cartel à rocaille en cuivre.

268 Les douze César en cuivre repoussé.

269 Un miroir antique en métail, trouvé à Bavai, dans l'ancien Cirque.

270 Un vase antique en verre, d'une jolie forme.

271 Deux vases étrusques, avec anse.

272 Deux vases idem et une lampe.

273 Deux magots en pierre de lave.

274 Une plaque en porcelaine d'Amiens, Sèvres, fond bleu de Roi, avec médaillon, sujet d'après Téniers.

275 Un plat à barbe en porcelaine de Chine.

276 Une théyère de Chine en terre de buars.

277 Un nécessaire, composé de trois pièces, couteau, fourchette et poinçon.

278 Une bouteille avec un manche en bronze tonkin, changeant à volonté.

279 Cinq bagues anciennes.

280 Une chappelle de Jérusalem.

281 Un instrument de musique à cordes, forme de pyramides.

282 Un modèle de moulin à décortiquer.

283 Un modèle horizontal, avec son plancher, pour le forage des canons.

284 Un modèle de frégate, avec tous ses agrés.

285 Une pierre d'aimant bien montée, avec un ancre en fer creux pour la charger.

286 Un hamac indien.

287 Huit assiettes en bois, travail de l'Inde, se renfermant dans une boîte forme de coupe.

288 Sept armoires vitrées, contenant une grande quantité de coquillages, de minéraux et pétrifications qui seront vendues par lots. Animaux empaillés, tels que requins, crocodiles, tatous, porte-épics, etc., poissons, reptiles et autres espèces conservées dans des bocaux qui seront également divisés.

289 Sous ce numéro on vendra tous les objets omis en la présente notice qui se distribue :

A DOUAI, chez M<sup>es</sup>. *Milot* et *Lecamus*, commissaires-priseurs, rue du gouvernement.

A PARIS, Chez M. *Théret*, rue de l'ancienne Comédie, n°. 5.

A LILLE, chez M. *Tencé*, marchand de tableaux.

A LONDRES, chez M. *Emanuel*, marchand de curiosités,
Nwen Bond Street.

A BRUXELLES, chez M. *Tarlier*, libraire.

*Nota :* Les acquéreurs payeront en sus du prix do
l'adjudication , 10 centimes par francs , applicables aux
frais.

Douai , imprimerie de V. ADAM.